Eric Liebau

Steuerung über FPGA mittels RS-232-Schnittstelle und Optimierung mit MatLab / Simulink

Fernsteuerung des ASURO-Roboters mittels FPGA und serieller Schnittstelle

GRIN Verlag

Bibliografische Information der Deutschen Nationalbibliothek:

Die Deutsche Bibliothek verzeichnet diese Publikation in der Deutschen National-
bibliografie; detaillierte bibliografische Daten sind im Internet über http://dnb.d-
nb.de/ abrufbar.

Impressum:

Copyright © 2008 GRIN Verlag GmbH
Druck und Bindung: Books on Demand GmbH, Norderstedt Germany
ISBN: 978-3-640-84924-6

Dieses Buch bei GRIN:

http://www.grin.com/de/e-book/166207/steuerung-ueber-fpga-mittels-rs-232-
schnittstelle-und-optimierung-mit-matlab

2008

Komplexpraktikum ASURO
Steuerung über FPGA mittels RS-232-Schnittstelle und Optimierung mit MatLab / Simulink

Eric Liebau

17.07.2008

I.   Inhaltsverzeichnis

II. Aufgabenstellung

Für den Roboter *ASURO* (**A**nother **S**mall and **U**nique **R**oboter from **O**berpfaffenhofen) des *Deutschen Zentrums für Luft- und Raumfahrt* (DLR) gilt es eine FPGA-basierte Schaltung zu entwickeln, um diesen über eine RS-232-Schnittstelle per Infrarot (IR) oder einer anderen vergleichbaren seriellen asynchronen Übertragung, wie zum Beispiel Bluetooth, fernzusteuern.

Dabei sollen das *Xilinx XUP Developerboard* und der *Xilinx Virtex-II Pro XC2VP30 FPGA* verwendet werden.

III.   Durchführung

III.1.1.   Hardware

Wie bereits in der Aufgabenstellung beschrieben, werden für die Realisierung der seriellen, asynchronen Steuerung und Übertragung das *Xilinx XUP Developerboard* mit den 5 Tasten und der RS-232-Schnittstelle, sowie der *Virtex-II Pro XC2VP30 FPGA* (*siehe Abbildung II.1.1.A1*) benutzt.

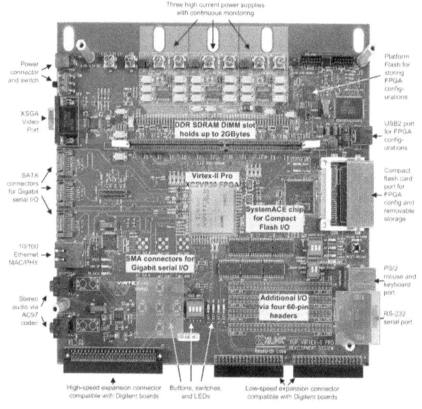

Abbildung II.1.1.A1: *Xilinx XUP Developerboard und Xilinx Virtex-II Pro XC2VP30 FPGA*

[Quelle: http://tu-dresden.de/die_tu_dresden/fakultaeten/fakultaet_informatik/tei/vlsi/lehre/lab_aus/entw_boads/xilinx_xup]

Weiterhin wird für die serielle infrarote Übertragung der RS232-IR-Transreceiver des *ASURO* Bausatzes (*siehe Abbildung II.1.1.A2*) verwendet.

Abbildung II.1.1.A2: RS232-IR-Transreceiver

[Quelle: http://asuro.pytalhost.de/pmwiki/uploads/Main/rs232_ir_transeiver.jpg]

Um den RS232-IR-Transreceiver mit dem *Xilinx XUP Developerboard* zu verbinden, wird ein 9-poliges, gekreuztes, serielles Kabel mit einem Stecker an jedem Ende (*siehe Abbildung II.1.1.A3a und Abbildung II.1.1.A3*) angefertigt und verwendet.

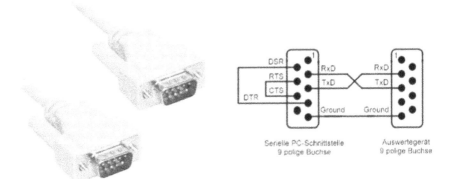

Abbildung II.1.1.A3a (links): 9-poliges, gekreuztes RS232-Kabel mit Stecker
Abbildung II.1.1.A3b (rechts): schematische Darstellung des 9-ploigen, gekreuzten RS232-Kabels

III.1.2. Software

Als Entwicklungsumgebung dient die von *Xilinx* zur Verfügung gestellte *ISE 7.1*
Für den Funktionstest wurde das *Microsoft Windows* Zubehör *Hyper Terminal* benutzt.

III.2.1.   Tastenbelegung

Um die Arbeit an dem *Xilinx* Developerboard mit dem FPGA und dem *ASURO*-Roboter parallel beginnen zu können, wird zuerst die Belegung *(siehe Abbildung II.2.1.A1)* und Kodierung *(siehe Tabelle II.2.1.T2)* der auf dem Developerboard befindlichen Tasten definiert. Da über die RS-232-Verbindung stets 8 Daten-Bits gesendet werden, wird die Kodierung mit 8 Dateneingängen durchgeführt. Ebenso ist zu erwähnen, dass die verwendeten Tasten auf dem *Xilinx* Board low-aktiv sind, d.h. beim Drücken eine „0" senden.

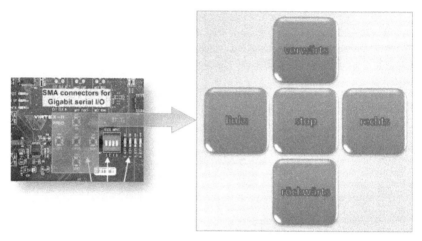

Abbildung II.2.1.A1: Tastenbelegung der Taster auf dem Xilinx Developerboard

Die Kodierung der Tasten für die serielle, asynchrone Übertragung ist in der *Tabelle II.2.1.T1* zu sehen. Es wurden dabei willkürlich die Zeichen „a" bis „e" gewählt, welche jederzeit und ohne großen Aufwand geändert oder ergänzt werden können. Dies muss jedoch in der Programmierung des *ASURO*-Roboters berücksichtigt werden, um dem übertragenen Zeichen eine entsprechende Funktion zuzuordnen.

Eingangssignal								Funktion	Kodierung								Zeichen
1	1	1	1	1	1	1	0	vorwärts	0	1	1	0	0	0	0	1	„a"
1	1	1	1	1	1	0	1	links	0	1	1	0	0	0	1	0	„b"
1	1	1	1	1	0	1	1	stop	0	1	1	0	0	0	1	1	„c"
1	1	1	1	0	1	1	1	rechts	0	1	1	0	0	1	0	0	„d"
1	1	1	0	1	1	1	1	rückwärts	0	1	1	0	0	1	0	1	„e"

Abbildung II.2.1.T1: 8 Bit Eingangssignal am Xilinx Virtex-II Pro XC2VP30 FPGA und die Kodierung für die serielle Übertragung an der RS-232-Schnittstelle

III.2.2.   FPGA-Schematic

Damit der *Xilinx* FPGA die Aufgabe der Kodierung und serielle, asynchronen Übertragung ausführen kann, wird dieser schematisch in folgende Module aufgegliedert (*siehe Abbildung II.2.2.A1*).

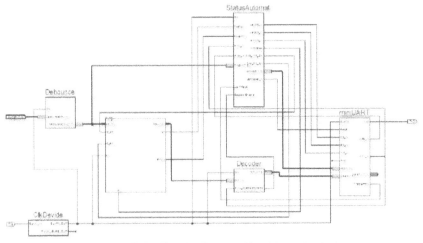

Abbildung II.2.2.A1: schematische Darstellung

Wie auf dem Bild zu erkennen ist, wurde die Schematik in sechs verschiedene Blöcke unterteilt, um alle Funktionen modular zu gestalten und somit die Übersichtlichkeit zu verbessern.

Die Module sind in *Punkt III.3. Modulbeschreibung* genauer beschrieben.

III.3. Modulbeschreibung

III.3.1. Eingänge

Der *Xilinx* FPGA besitzt einen 8 Bit Dateneingang „*button(7:0)*", an dem die 5 Tasten des Developerboards anliegen. Demzufolge sind 3 Bit des Eingangsbusses nicht belegt und werden deshalb testweise auf die auf dem Board befindlichen Jumper gelegt. Dadurch können diese wahlweise auf „1" oder „0" geschalten werden.

Ein weiterer Eingang ist der Takt „*Clk*". Dieser ist direkt mit dem Developerboard-Takt verbunden und beträgt 100 Mega-Hertz (MHz).

III.3.2. Ausgänge

Der einzige Ausgang des FPGAs ist der RS-232-Ausgang „*TxD*", welcher 1 Bit beträgt. Dieser dient der seriellen Übertragung und stellt der seriellen Schnittstelle nacheinander 1 Start-Bit, 8 Daten-Bits und 1 Stopp-Bit zur Verfügung. Damit ist das Protokoll für die serielle, asynchrone Übertragung erfüllt.

III.3.3. ClkDevide

Das *Xilinx* Developerboard ist getaktet auf 100 MHz. Da das serielle Modul (*UART – näheres unter Abschnitt III.3.6.*) mit einem Takt von 40 MHz arbeitet, wird das ClkDiv-Modul definiert, um den Systemtakt von 100 MHz auf 40 MHz zu reduzieren.

III.3.4. Debounce

Das Debounce-Modul (*englisch: „to debounce" deutsch: „entprellen"*) stellt ein Element dar, das zum entprellen von Tastendrucken eingesetzt wird.

Als Prellen wird ein mechanisches Problem bei elektrischen Schaltern und Tasten bezeichnet. Statt des sofortigen elektrischen Kontaktes ruft die Betätigung der Taste zunächst ein mehrfaches Öffnen und Schließen des Kontakts innerhalb von Sekundenbruchteilen hervor.

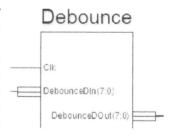

Ebenso kommt es beim Ausschalten bzw. Loslassen der Tasten nach der ersten Unterbrechung zu einem wiederholten erneuten Kontakt. Der Grund dafür sind federnde Effekte an Bauteilen der Schaltermechanik. Dieser Effekt führt bei digitalen Eingabeverarbeitungsgeräten (Computertastatur, Eingabecontroller an Tastenfeldern etc.) dazu, dass jeder dieser Prellvorgänge als eigene Eingabe (Mehrfacheingabe) registriert wird (*siehe Abbildung III.3.4.A1*).

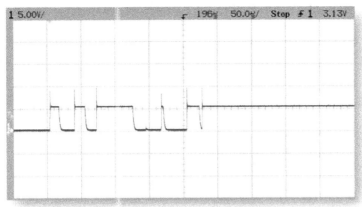

Abbildung III.3.4.A1: Prellvorgänge an elektrischen Tasten und Schaltern

[Quelle: http://de.wikipedia.org/wiki/Entprellen]

Das Modul besitzt den Eingangsdatenbus *„DebounceDIn"*, welcher direkt mit den zu entprellenden Tasten auf dem *Xilinx* Board verbunden ist. Ein weiterer Eingang ist *„Clk"*, der mit dem auf 40 MHz reduzierten Systemtakt verbunden ist. Sobald sich das Tastensignal entprellt und auf seinen Sollwert eingeschwungen hat, wird das Datensignal des Eingangsbusses auf den Ausgangsbus *„DebounceDOut(7:0)"* gelegt.

III.3.5. FIFO

Das FIFO („**Fi**st **In** - **First O**ut") ist in der Informatik ein Datenspeicher und bezeichnet eine spezielle Art Daten abzulegen. Elemente werden in genau der Reihenfolge abgerufen, in der sie vorher in dem Speicherelement abgelegt wurden. Durch dieses Modul werden die Tasteneingaben gepuffert und genau in der Reihenfolge an die RS-232-Schnittstelle übergeben, wie die Tasten gedrückt wurden. Dieses FIFO-Modul bietet Platz für 1024 Bit und kann damit 128 (1024 / 8) Tastendrücke puffern. Als Dateneingang dient der Datenbus *„din(7:0)"*. Dieser wird eingelesen, sobald das Statusbit *„rd_en"* auf „1" gelegt wird. Ist das Statusbit *„wr_en"* „1", legt das FIFO die gespeicherten Daten auf den Ausgangsbus *„dout(7:0)"* und das folgende Decoder-Modul (*Decoder – näheres unter Abschnitt III.3.8.*) kann die Daten auslesen. Zwei weitere

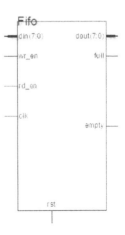

Eingänge sind *„clk"*, welcher, wie im vorherigen Modul schon beschrieben, den Systemtakt von 40 MHz führt und *„rst"*, der sobald dieser auf „1" gesetzt wird, das FIFO-Modul in einem unbenutzten Zustand versetzt und damit alle eventuell gespeicherten Daten löscht. Das FIFO-Modul besitzt ebenso zwei Status-Bits, die gesetzt werden können. Zum Einen handelt es sich um *„full"* und zum Anderen um *„empty"*. Ersterem wird der Wert „1" zugeordnet, sobald der Speicher des FIFOs nicht mehr ausreicht, um einen weiteren Tastendruck zu puffern, also 8 Daten-Bits aufzunehmen. Analog dazu wird das zweite Statusbit gesetzt, sobald sich kein gespeicherter Wert mehr in dem FIFO befindet.

III.3.6.   miniUART

Das UART-Modul („**U**niversal **A**synchronous **R**eceiver **T**ransmitter") soll einen seriellen digitalen Datenstrom mit einem fixen Rahmen aufbauen, welcher aus einem Start-Bit, acht Daten-Bits, und einem Stopp-Bit besteht. Das UART dient sowohl zum Senden als auch zum Empfangen von Daten. Die Besonderheit besteht darin, dass bei der üblichen asynchronen Version kein explizites Taktsignal verwendet wird. Stattdessen synchronisiert sich der Empfänger durch den Rahmen bestehend aus dem Start- und Stopp-Bit und einer bestimmten Bitrate. Da der Beginn einer Übertragung mit dem Start-Bit zu beliebigen Zeitpunkten erfolgen kann, wird diese serielle Schnittstelle als asynchron bezeichnet.

Das UART-Modul besteht seinerseits wiederum aus einem Automaten zur Steuerung des UARTs und den Einheiten „ClkUnit", „TxUnit" und „RxUnit". Auf Letzeres wird bei dieser Realisierung der seriellen, asynchronen Tastenübertragung nicht näher eingegangen, da von diesem Modul keine Daten empfangen werden.

Der Steuerungsautomat benutzt „Reset", die low-aktiven Status-Bits „CS_N", „RD_N", „WR_N", sowie den Adressierungsbus „Addr(1:0)". Der Adressierungsbus kann jedoch für das Senden der Daten immer auf „00" gesetzt bleiben. Sobald „CS_N" UND „WR_N" auf „0" gesetzt sind und der Adressierungsbus „00" ausweist, werden die Daten von dem Datenbus „DataIn(7:0)" in das interne Transmit-Register „TReg" eingelesen und der „TxUnit"-Einheit zur Verfügung gestellt.

Diese Einheit erfüllt die Funktion des seriellen, asynchronen Sendens der Daten, sowie dem Aufbau des Rahmens mit Start- und Stopp-Bit. Es liest das interne Register „TReg" Takt für Takt aus und überträgt die Daten zusammen mit dem Rahmen an den UART-Datenausgang „TxD". Das Modul benutzt zum Senden der Daten den unter „ClkUnit" generierten Takt von 2,4 kHz. Solange sich die Daten in dem internen Register befinden wird der low-aktive Status-Ausgang „IntTx_N" auf „0" gesetzt, was bedeutet, dass das UART momentan Daten sendet und keine weiteren Daten aufnehmen kann. Nachdem alle Daten inklusive dem dazugehörigen Rahmen übertragen wurden, wird das Status-Bit „IntTx_N" wieder auf „1" gesetzt.

Die Funktion der Einheit „ClkUnit" besteht darin, den Takt, welcher am Eingang „SysClk" anliegt und 40 MHz beträgt, für die serielle Übertragung aufzubereiten. Das bedeutet, es wird ein Sendetakt „EnableTx" von 2,4 Kilo-Hertz (kHz) und ein um den Faktor 16 schnellerer Empfangstakt „EnableRx" von ungefähr 38,75 kHz erzeugt. Durch Tests wurde ermittelt, dass die Empfangsquelle in Form einer Infrarot-Diode mit circa 33 kHz getaktet ist und ein Bit erst als empfangen gilt, wenn es vier Takte lang an dieser anlag. Deshalb ist ein höherer Sendetakt, wie zum Beispiel 9,6 kHz, nicht möglich.

III.3.7. StatusAutomat

Um alle Module zu steuern und miteinander zu synchronisieren wird das Modul *„StatusAutomat"* eingesetzt. Dieses besitzt sowohl Ein- und Ausgänge um das UART-Modul mit dem FIFO-Modul zu synchronisieren, als auch einen Eingang *„FifoDIn"* um einen Tastendruck zu detektieren. Da die fünf Tasten auf dem Developerboard low-aktiv sind, hat das Dateneingangssignal im Leerlauf, also wenn keine Taste gedrückt wurde, „11111111" zur Folge. Ist jedoch das Eingangssignal nicht das Leerlaufsignal und ist zudem das Status-Bit *„FifoFull"* nicht auf „1" gesetzt, was, wie unter *Abschnitt III.3.5.* schon erwähnt, bedeuten würde, dass das FIFO-Modul keinen weiteren Tastendruck aufnehmen kann, wird der Ausgang *„FIFO_RD_EN"* auf „1" gesetzt und das FIFO liest die gedrückte Taste ein.

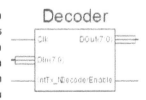

Ein weiterer Eingang des StatusAutomaten-Modules ist der low-aktive Eingang *„IntTx_N"*, was den derzeitigen Status des UART-Modules beschreibt. Ist dieser auf „0" gesetzt, befindet sich das UART-Modul im Sende-Status. Andernfalls kann dieses Modul Daten für den seriellen Sendevorgang aufnehmen. Dies geschieht jedoch nur, wenn zu dem Status-Eingang *„Int_Tx_N"* das FIFO-Modul nicht leer ist, also den Status *„FifoEmpty"* nicht gesetzt hat. Ist dies der Fall, wird der Ausgang *„Fifo_WR_EN"* auf „1" gesetzt und das FIFO-Modul sendet seine Daten über das Decoder-Modul (*Decoder – näheres unter Abschnitt III.3.8.*) an das UART-Modul (*UART – näheres unter Abschnitt III.3.6.*). Befinden sich keine Daten mehr in dem internen Register des UART-Modules, ist der Status-Eingang *„uartTRegE"* „1" und die Ausgänge *„uartCS_N"* und *„uartWR_N"* werden auf „0" gesetzt. Ebenso bekommt der low-aktive Ausgang *„uartReset_N"* den Wert „1". Durch das Setzen dieser drei Ausgänge auf die entsprechenden Werte, werden die Daten in das interne Transmit-Register *„TReg"* des UART-Modules (*UART – näheres unter Abschnitt III.3.6.*) geladen und die serielle, asynchrone Übertragung wird vorbereitet.

III.3.8. Decoder

Decoder

Damit die gedrückte Taste oder die gedrückten Tasten vom Empfänger richtig interpretiert werden können, ist es notwendig, dass der Tastendruck so kodiert wird, dass ein ASCII-Zeichen („**A**merican **S**tandard **C**ode for Information Interchange") übertragen wird. Diese Funktion wird von dem Decoder-Modul ausgeführt. Das Modul bekommt den zu kodierenden Tastendruck vom FIFO-Modul (*FIFO – näheres unter Abschnitt III.3.5.*) über den

Datenbus „DIn(7:0)", analysiert diesen und interpretiert ein ASCII-Zeichen in den Tastendruck. So wird unter anderem die Taste „vorwärts" als Zeichen „a" kodiert. Die komplette Tastenkodierung ist in der Tabelle II.2.1.T2 auf Seite 6 zu sehen. Bis jetzt wurden jedoch nur einzelne Tasten kodiert. In diesem Modul ist es allerdings problemlos möglich Tastenkombinationen hinzuzufügen oder die Kodierungen zu ändern. Die kodierte Taste wird an dem Ausgangsbus „DOut(7:0)" für die serielle Übertragung zur Verfügung gestellt.

Damit die in der Entwicklungsumgebung *Xilinx ISE* entworfenen Schematic- und VHDL-Dateien problemlos auf den *Xilinx* FPGA übertragen werden können und dieser seine Aufgaben ordnungsgemäß erfüllen kann, müssen alle definierten Ein- und Ausgänge auf die entsprechenden Pins gelegt werden. Die detaillierte Auflistung der Pin-Belegung ist in *Tabelle III.4.T1* dargestellt.

Eingang / Ausgang	Pin	Bedeutung
Clk	AJ15	System-Takt
Button<0>	AH4	Taste 1
Button<1>	AH1	Taste 2
Button<2>	AG5	Taste 3
Button<3>	AH2	Taste 4
Button<4>	AG3	Taste 5
Button<5>	AF9	Jumper 1
Button<6>	AF8	Jumper 2
Button<7>	AD11	Jumper 3
TxD	AE7	RS-232-Transmit

Tabelle III.4.T1: Pin-Belegung des Xilinx Virtex-II Pro XC2VP30 FPGA

III.5.   Simulation und Praxistest

Nachdem das Projekt in der *Xilinx* Entwicklungsumgebung abgeschlossen war, wurde es einigen Simulationen unterzogen. Dabei wurden diverse kleinere Fehler entdeckt, die aber in dieser Dokumentation bereits alle berücksichtigt und behoben wurden. Auf den folgenden zwei Bildern (*siehe Abbildung III.5.A1a und Abbildung III.5.A1b*) ist zu sehen, wie ein Druck der Tasten *[6]*, *[3]*, *[2]* und *[0]* und dessen serielle, asynchrone Übertragung simuliert wird. In diesem Beispiel sind die Tasten jedoch high-aktiv, um den Simulationsumfang zu reduzieren.

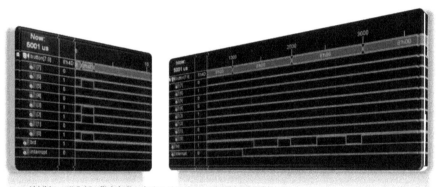

Abbildung III.5.A1a (links): Simulation eines Tastendrucks
Abbildung III.5.A1b (rechts): Simulation einer seriellen, asynchronen Übertragung des Tastendrucks

Nachdem die Simulation des Projektes in *Xilinx ISE* erfolgreich und nunmehr ohne Fehler abgeschlossen werden konnte, wurde dieses auf den *Xilinx* FPGA übertragen. Da die reale Testumgebung mit *ASURO*-Roboter noch nicht zur Verfügung stand, wurde auf eine Testumgebung mit Oszilloskop (*siehe Abbildung III.5.A2*) und *Microsoft Windows Hyper Terminal* ausgewichen (*siehe Abbildung III.5.A3*).

Abbildung III.5.A2: Praxistest mit Oszilloskop

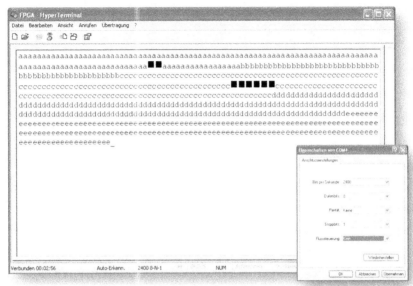

Abbildung III.5.A3: Praxistest mit Microsoft Windows Hyper Terminal

Der Test unter realen Bedingungen zusammen mit dem *Xilinx* Developerboard, einer Infrarotschnittstelle und dem programmierten *ASURO*-Roboter wird im Anschluss an diese Dokumentation durchgeführt.

IV. Material & Literatur

(1) http://www.opencores.org/cvsweb.shtml/miniuart
(2) http://www.national.com/ds/PC/PC16550D.pdf
(3) http://direct.xilinx.com/direct/ise9_tutorials/ise9tut.pdf
(4) http://www.xilinx.com/univ/xupv2p.html
(5) http://www.wikipwdia.de